27
Ln 14681.

ÉLOGE
D'ANNE
DE MONTMORENCY,

Duc, Pair, Maréchal & Connétable de France, Grand-Maître de la Maison du Roi, premier Ministre sous FRANÇOIS I & sous HENRI II.

DISCOURS qui a partagé le Prix, au jugement de l'Académie Royale des Belles Lettres de la Rochelle, en 1782.

Par M. DESPEROUX, Avocat en Parlement.

Huic *……* dignitatem addiderat. *Salust. Bell. Catilin.*

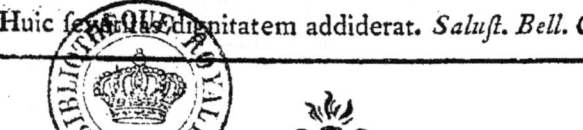

Se trouve
A PARIS,
Chez MERIGOT, jeune, Libraire, Quai des Augustins.
Et à la Rochelle,
Chez P. L. CHAUVET, Imprimeur-Libraire du Roi,
Et PAVIE, Libraire, canton des Flamands.

M. DCC. LXXXII.
AVEC APPROBATION.

ÉLOGE
D'ANNE
DE MONTMORENCY,

Duc, Pair, Maréchal & Connétable de France, Grand-Maître de la Maison du Roi, premier Ministre sous FRANÇOIS I *& sous* HENRI II.

IL SUBSISTA long-temps chez un ancien Peuple (*a*) un usage bien imposant & bien sublime : dès qu'un homme étoit mort, toute sa vie étoit soumise à la censure publique. La naissance, les richesses, le mérite apparent, rien ne pouvoit le soustraire au Tribunal redoutable qui s'élevoit au pied même de son cercueil ; &, si cet homme avoit été un méchant, sa mémoire étoit flétrie ; on ne permettoit pas même à la terre de dérober son corps à l'exécration des hommes. Si, au contraire, il avoit été juste, le dénonciateur alloit grossir la foule de ses admirateurs, & les Juges ordonnoient qu'on fît, pour l'honorer, le récit de sa vie.

(*a*) Les Égyptiens.

L'homme dont j'entreprends l'Éloge a auſſi été jugé, non par ſes contemporains que l'admiration pouvoit ſéduire, que la haine pouvoit corrompre, que toutes les paſſions pouvoient aveugler ; mais par ce Juge ſuprême dont on n'a peut-être jamais appellé, parce qu'il n'a jamais failli. Deux ſiecles ſe ſont écoulés, & la poſtérité a dit : Montmorency fut un grand homme. Cet Arrêt eſt irrévocable ; &, ſi je prouve qu'il fut juſte, j'aurai bien loué mon Héros.

Anne de Montmorency étoit né d'un ſang illuſtre ; mais cet heureux hazard doit trouver place dans ſon Hiſtoire, & non pas dans ſon Éloge. Qu'eſt-ce en effet qu'un homme favoriſé de ce brillant avantage ? Toute la gloire de ſes aieux ſe réunit en lui-même, non pour le rendre grand de la grandeur de ceux qui l'ont précédé, mais pour le forcer, en quelque ſorte, à ne rien faire qui déprime cette grandeur ; ſes devoirs ſont immenſes, parce qu'il a tout reçu avant d'avoir rien mérité, & que la fortune, en le faiſant naître dans un rang élevé, ſemble lui avoir fait des avances dont il doit lui rendre compte. Rempli de ces principes, comme Montmorency l'a ſans doute été lui-même, je le dépouillerai de cette gloire héréditaire, pour ne m'occuper que de ſa gloire perſonnelle. Je le peindrai tel qu'il fut, grand par lui-même, & fait pour ſe créer un nom, s'il n'en avoit pas eu un à ſoutenir. Je parlerai du deſcendant des Montmorency. Mais je ne parlerai que de lui ſeul, & je n'aurai pas beſoin de ſubſtituer, comme le Chantre des Jeux Olympiques, l'éloge des Dieux à celui de mon Héros. Je me hâte de ſuivre Montmorency dans la vaſte carriere qu'il a parcourue; grand dans la guerre, malgré les revers; grand dans le Ministere, malgré l'envie; tenant en même temps, d'une main prudente & vigoureuse, & les rênes de l'État, & le glaive des combats, gouvernant tour-à-tour, & défendant la France; froid & tranquille dans le tumulte des camps, ferme & incorruptible dans le silence des affaires, austere au milieu des cours; Général habile, Ministre sage, Courtisan vertueux, voilà l'homme dont je vais parler.

Né avec une ame forte, Montmorency sentit, de bonne heure, le besoin de la gloire; il la voyoit assise sur les trophées de ses ancêtres; toute l'Europe étoit en feu, & Montmorency prit les armes. Je dois le peindre dans sa course orageuse; mais il en coûtera à ma sensibilité. Après l'avoir admiré jusque dans ses revers, je le plaindrai quelquefois de ses succès. Je respecterai, en frémissant, cette rigidité stoïque, cette inexorable fermeté, ce zele opiniâtre, qui dans lui étoient des vertus sans doute, puisqu'il défendoit la Religion & l'État. Heureux! lorsque, me détournant de ces sentiers ensanglantés, je pourrai suivre le Ministre dans sa marche paisible & bienfaisante, & quitter, pour celui du Sage, l'Éloge pénible du Héros.

Mais, avant d'ouvrir ces grandes scenes, jettons un coup d'œil rapide sur le théatre qui va nous les offrir, & voyons ce qu'étoit la France, au moment où Montmorency venoit de naître pour elle. Charles VIII descendoit au tombeau: ce Prince foible n'avoit ni les vices de son pere, ni les vertus de son rang; &, successeur de Louis XI, il ne sut point se faire adorer.

On l'avoit vu, dans l'espace de trois ans, s'emparer du Royaume de Naples, acheter l'Empire d'Orient (*b*), perdre l'un, oublier l'autre, & venir mourir dans la France qu'il n'auroit pas dû quitter. Le Ciel, plus propice, donna Louis XII à la Nation; & celui qui avoit troublé le repos de son Maître fit le bonheur de ses Sujets. Ah! pourquoi le Pere du peuple fut-il aussi le Conquérant de Naples & du Milanois. Les droits de la derniere Maison d'Anjou transportés à la France (*c*), l'héritage des Viscomti transmis à Louis XII (*d*), devoient donc être les sources funestes de cinquante ans de malheurs? Les fautes du dernier regne furent des leçons trop facilement oubliées : Louis franchit les monts, envahit seul le Milanois, & fait, avec le Roi d'Espagne, la conquête du Royaume de Naples; mais, bientôt trahi par Ferdinand, il éprouve une alternative ruineuse de succès & de revers, & se soutient avec peine dans un pays où il étoit entré en vainqueur. Reportons nos yeux

---

(*b*) André Paleologue, héritier de l'empire de Constantinople, après la mort de Constantin, son oncle, dernier Empereur Grec, vendit, en 1494, tous ses droits à Charles VIII, pour quatre mille trois cents ducats de pension, & cinq cents ducats en fonds de terre, soit en Italie, soit en France. Cet acte de cession, qui fut passé en présence du Cardinal-Évêque de Gurck, acceptant au nom du Roi, ne fut ni désavoué ni exécuté.

(*c*) Par Charles d'Anjou, Comte du Maine, qui, dernier héritier des droits de sa Maison sur le Royaume de Naples, les légua à Louis XI.

(*d*) Par Valentine de Milan, son aïeule, seule héritiere du Milanois.

vers la France, nous y verrons ce grand corps fatigué par les convulsions de la guerre civile ; nous y verrons la misere du peuple (*e*), la licence des milices (*f*) & les abus du sanctuaire (*g*) ; nous y verrons enfin toutes les calamités morales réduire souvent à une impuissance douloureuse, la bienfaisance d'un bon Roi. Ainsi la nature obstinée s'éleva contre Marc-Aurele ; & ce grand homme lutta seul, pour le bonheur du monde, contre les élémens ligués. Mais les derniers regards que nous jettons sur ces temps orageux, s'étendent plus loin encore. Nous appercevons Luther infectant l'Allemagne de ses dogmes nouveaux, & Calvin préparant dans Noyon les malheurs de sa Patrie. Enfin l'État étoit affoibli, l'hérésie alloit naître, & Montmorency parut.

A peine sorti de l'enfance, il courut faire ses premieres armes en Italie : le luxe ne l'y suivit pas ; ses mœurs étoient simples, ses équipages devoient être modestes ; & il n'arriva dans le camp françois qu'accompagné de son courage & précédé de son nom. C'est là qu'il dut éprouver, pour la premiere fois, cette inquiete ardeur d'une ame née pour les grandes choses, cet élan

---

(*e*) « Il (*Charles VIII*) vouloit vivre de son domaine....
» S'il l'eût fait, c'eût été un grand soulagement pour le peuple,
» qui paie aujourd'hui (*sous Louis XII*) plus de deux millions
» & demi de francs de taille. » *Commines.*

(*f*) Qui ne furent disciplinées que sous François I.

(*g*) » Il (*Charles VIII*) mettoit grand'peine à réformer les
» abus de l'Ordre Saint Benoît, & d'autres Religions....
» mais il eût eu bien à faire à ranger les Gens d'Église. »
Commines.

involontaire qui nous entraîne dans la carriere pour laquelle nous deſtina la nature, & cet enthouſiaſme ſublime qui nous échauffe à la vue de ceux qui l'ont déja parcourue avec ſuccès. Et quel ſpectacle s'offrit en effet au jeune Montmorency ! Des Héros pour modeles, & la gloire pour récompenſe. Il voyoit ce fameux Gaſton, qui, ſi jeune encore, avoit tant vécu pour elle ; ce généreux Bayard qui joignoit à l'héroïſme du courage l'héroïſme de la vertu ; ces Chaumont, ces Trivulſe, ces Chabanne dont les noms étoient les éloges : admis à cette noble école, Montmorency fut digne d'eux.

Ce fut principalement ſous les drapeaux de Gaſton de Foix que notre jeune Guerrier combattit ; nos armes étoient victorieuſes : il ſembloit que la guerre n'avoit plus de revers ; mais le plus funeſte de tous devoit terminer la campagne. Gaſton attaque & diſſipe devant Ravennes les forces réunies de Jules II, des Vénitiens & des Suiſſes : enivré de ſon triomphe, il pourſuit avec impétuoſité un parti ennemi, comme ſi ces malheureux débris de l'armée vaincue emportoient avec eux la gloire de cette journée ; &, bientôt enveloppé de toutes parts, il tombe percé de coups, & meurt, en laiſſant après lui de grands exemples à ſuivre, & une faute à éviter.

Montmorency, dont le jeune courage avoit même étonné les anciens favoris de la victoire, quitte l'Italie, qui, depuis la mort de Gaſton, n'étoit plus le théatre de nos ſuccès, & repaſſe en France, où il devient l'ami du Comte d'Angoulême, avant d'être le ſujet de François I.

Ce Prince qui devoit fixer ſur lui les regards de

l'Europe, qui devoit éprouver toute l'ivreſſe de la proſpérité & toute l'amertume du malheur, étoit alors ſur les marches du trône, d'où Louis XII mourant alloit bientôt deſcendre. Avide de gloire, il fit long-temps la guerre; mais les vertus du preux Chevalier faiſoient pardonner au Conquérant : paſſionné pour les plaiſirs, les ſiens furent du moins utiles à ſa Patrie; il cultiva les ſciences & les arts; il fut quelquefois trop foible ou trop crédule; mais, ſi ſon imprudence lui fit faire des fautes, la politique ne les lui fit point réparer par des crimes. Enfin, les lauriers de Marignan ſe flétrirent devant Pavie; mais la palme due *au Reſtaurateur des Lettres* s'élève encore aux yeux de la poſtérité, & François I eſt du petit nombre des Rois guerriers que l'Hiſtoire a placés parmi les bienfaiteurs du genre humain.

Tel étoit le nouveau maître que la mort de Louis XII alloit donner à la France; & le jeune Montmorency, déja couvert de gloire, vit bientôt ſon ami ſur le trône. François I y étoit à peine monté, qu'il courut en Italie venger la mort de Gaſton, & réparer les malheurs qui en avoient été la ſuite. La Gloire y attendoit ce jeune Prince pour le combler de ſes faveurs, & ſe l'attacher ſans réſerve : il attaque, il défait, à vingt-un ans, l'armée des Suiſſes, ſi redoutables juſqu'alors; de ces Suiſſes qui avoient briſé le joug de fer de la Maiſon d'Autriche, vaincu Charles le Téméraire, chaſſé Louis XII d'Italie, après l'y avoir ſoutenu, & qui s'arrogeoient, à la face de l'Europe, le titre faſtueux de *Dompteurs des Rois*. Montmorency étoit à Marignan,

A iv

mais nous ne pouvons le distinguer : toute l'armée françoise étoit un peuple de Héros ; & François I, qui les surpassoit tous, sembloit être le Dieu qui les animoit. Qu'il nous soit permis de nous arrêter un instant sur le champ de bataille ; contemplons, au milieu des trophées de sa victoire, le Monarque à genoux devant Bayard, lui demandant l'accolade, & recevant de sa main l'Ordre de Chevalerie. O sublime enthousiasme de nos ancêtres ! noble institution ! loyale chevalerie ! quels sentimens délicieux ne rappellez-vous pas ! Vous aviez vos abus sans doute, rien n'est parfait sur la terre ; mais, malgré ces abus n'étiez-vous pas préférable à cette délicatesse si vantée des mœurs modernes, qui, en nous délivrant peut-être de quelques vices grossiers, n'y substitue que trop souvent les vices plus séduisans & plus dangereux de la molesse. Ah ! si le bonheur de l'homme pouvoit être son propre ouvrage, il sembleroit en avoir voulu jetter les fondemens, en réunissant tout ce qui est capable de le consoler sur la terre, la religion & l'amour. Mais cessons d'offrir à mon siecle l'image des biens qu'il a perdus.

Cette bataille de Marignan, l'une des plus mémorables qui se soient jamais données, ne couvrit point le vainqueur d'une stérile gloire ; la conquête du Milanois en fut le prix, & les revers de dix campagnes furent effacés en un jour. Bientôt tout est pacifié ; François, heureux de sa victoire & de la joie de ses peuples, rentre triomphant dans le Royaume ; Montmorency l'y suit, & le Gouvernement de Novare devient, avec une compagnie de cinquante hommes d'armes (*h*), la récompenſe de ſes ſervices.

François I ne goûta pas long-temps les douceurs d'une paix dont le calme avoit encore été troublé par des négociations, ou inutiles, ou malheureuſes. L'Empire venoit de lui échapper, & le ſucceſſeur de Ferdinand réuniſſoit, ſous le même ſceptre, l'Allemagne (*i*) au midi de l'Europe. Cet homme extraordinaire, dont l'Hiſtoire eſt tellement liée à celle du Monarque françois, qu'ils ſemblent marcher tous deux de front vers l'immortalité; ce Prince moins généreux que ſon rival, auſſi célebre que lui, plus politique, & ſur-tout plus heureux; Charles-Quint préparoit alors, en ſilence, la carriere qu'il devoit fournir avec tant d'éclat. Des traités mal obſervés, des prétentions réciproques, furent les prétextes d'une prompte rupture entre ces deux Princes, déja aigris par leur concurrence à l'empire. La Picardie & la Champagne ſont bientôt couvertes des troupes de l'Empereur; ce torrent dévaſte tout ſur ſon paſſage; Mezieres ſeule tient encore, mais preſque démantelée & ſans munitions; elle va ſe rendre lorſque Bayard & Montmorency ſe jettent dans la place,

---

(*h*) Elle fut, bientôt après, portée juſqu'à cent.

(*i*) On ne croira pas ſans doute que j'aie voulu dire que Charles-Quint poſſédoit l'Allemagne en entier, comme il poſſédoit l'Eſpagne; on ſait que l'Empereur n'a, ſur les différens États qui compoſent le corps germanique, que la prééminence du rang. Mais le ſtyle de l'éloge n'eſt pas celui d'une diſſertation hiſtorique.

& Mezieres devient imprenable. Ce fut avec ce brave Bayard que notre jeune Héros partagea l'honneur de la campagne.

C'étoit peu pour Montmorency de vaincre les ennemis de son maître, il savoit encore lui gagner des amis. Nos armes avoient perdu, en Italie, cette supériorité que les dernieres victoires avoient établie. Lautrec, si connu par son courage, par ses fautes & par ses malheurs, commandoit les débris de notre armée, & manquoit de tout au milieu du pays ennemi; tandis que la Duchesse d'Angoulême, qui avoit conjuré sa perte, interceptoit tous les secours, & ne craignoit pas de sacrifier le Surintendant Sablançay aux injustes soupçons de la France (k). Dans cette extrêmité, il falloit cependant des troupes; & les Suisses, devenus nos alliés depuis le traité de Fribourg (l), pouvoient seuls les fournir. François leur envoie des Ambassadeurs; Montmorency est du nombre, & contribue le plus aux succès de la négociation. Les Suisses accordent dix mille hommes, à la tête desquels il vole au secours de Lautrec. Les affaires semblerent un instant changer de face. Montmorency déploya, dans cette campagne, les

---

(*k*) De Baune Sablançay avoit eu ordre d'envoyer quatre cents mille écus au Maréchal de Lautrec; la Duchesse d'Angoulême, mere de François I, se les fit remettre par le Surintendant, à qui elle en donna quittance; &, ayant ensuite trouvé le moyen de la retirer; elle accusa Sablançay du divertissement de ces fonds; il ne put se justifier, & fut pendu.

(*l*) Fait en 1516, & connu sous le nom de *paix perpétuelle.*

talens du grand homme de guerre; mais la gloire dont il se couvrit fut inutile à son pays. La funeste affaire de la bicoque, engagée, malgré ses conseils, par l'imprudence de Lautrec, mit le comble à nos malheurs au-delà des Alpes, & nous enleva, pour toujours, la possession du Milanois.

Montmorency reparoît à la Cour à la suite d'une campagne malheureuse; mais ne craignons pas pour lui la disgrace du Souverain : juste appréciateur des talens & du courage, François l'attend avec des récompenses; & le grade de Maréchal de France (*m*) est, à vingt-neuf ans, le prix de sa valeur. A peine revêtu de cette nouvelle dignité, il oublie qu'il l'a méritée, & semble avoir besoin de s'en rendre digne. La Picardie, attaquée de toutes parts par les Impériaux & par les Anglois, est le nouveau théatre de ses exploits.

Le succès qu'eut cette expédition fut, pour François premier, le présage trop peu certain de succès encore plus grands; & la chimere des conquêtes d'Italie vint réchauffer son courage. Cette ambitieuse fureur étoit alors ce qu'avoit été, quelques siecles auparavant, le pieux délire des Croisades; c'est-à-dire, éclatante, malheureuse & inutile. C'est en vain que Montmorency a le courage de blâmer, devant le Roi, ces projets

---

(*m*) Il ne pouvoit y avoir alors que quatre Maréchaux de France à la fois. Montmorency fut, en même temps, décoré du Cordon de Saint-Michel, qui étoit l'Ordre du Roi, avant l'institution de celui du Saint-Esprit par Henri III.

brillans en apparence, faciles & féduifans dans la théorie, ruineux & impraticables dans l'exécution. Tout étoit réfolu; & François alloit franchir les Alpes, lorfque, retenu en France par la rébellion du Connétable de Bourbon, il eft obligé d'abandonner à Bonnivet le commandement de l'armée.

Moins fait pour commander qu'habile à ramper avec fouplefle, Bonnivet, fier de fon crédit, favoit, à la Cour, impofer filence fur fes défauts; mais, à la tête des armées, le Favori de la Duchefle d'Angoulême, en montrant, à la vérité, le courage d'un Soldat, ne put cacher l'infuffifance d'un Chef; &, dépouillé de la confidération précaire qu'il empruntoit de la mere de fon Maître, il parut à fon fiecle ce qu'il eft aux yeux de la poftérité, vil Courtifan, brave Guerrier & mauvais Général.

Cette campagne eut le fuccès qu'elle devoit avoir: les François firent des prodiges de valeur, & triompherent d'abord; mais bientôt Bonnivet fit des fautes, & l'on fut malheureux. Montmorency, qui commandoit l'avant-garde de l'armée, attaqué d'une maladie contagieufe, fe faifoit porter, en litiere, à la tête de fes troupes, & confervoit, dans l'épuifement de fes forces, toute l'intrépidité du courage & le fang froid de la prudence. Enfin, rappellé en France par la voix de fon Maître, qui, alarmé de fon état, craignit de perdre un Sujet fi précieux, il ne fut pas le témoin des revers de cette expédition; & fon abfence lui épargna la douleur de voir expirer Bayard, qui périt à la retraite de Romagnano (*n*), où le Connétable de Bourbon, commandant, après la mort de Colonne, les troupes de l'Empereur, battit l'Amiral de Bonnivet.

Ce fameux Bourbon, en qui la rebellion ne seroit point un crime, si elle pouvoit être justifiée par les persécutions, ou effacée par les vertus d'un héros, étoit alors aussi dangereux pour la France, qu'il lui avoit été utile. Il avoit quitté son Maître par désespoir; il servoit Charles-Quint par nécessité, & ne combattoit que par vengeance. Plus à plaindre qu'odieux, ce grand Homme, qui, après avoir été le défenseur de sa Patrie, fut assez malheureux pour en devenir l'effroi, n'étoit pourtant que la victime d'une femme. En vain la Duchesse d'Angoulême se montre-t-elle au tribunal de l'Histoire, parée des qualités d'une grande Princesse; on détestera toujours en elle les vices d'une femme passionnée & vindicative; & on lui reprochera, sans cesse, la défection du Connétable de Bourbon, qui n'éprouva sa haine que parce qu'il avoit dédaigné son amour.

François, après avoir repoussé le Connétable, qui s'étoit avancé jusqu'en Provence, se décida enfin à le poursuivre en personne au-delà des Alpes. Montmorency

---

(*n*) « Plusieurs Auteurs confondent cette retraite de Romagnano avec l'affaire de Rebec, parce que Bayard fut malheureux dans ces deux expéditions. C'est une erreur où l'on tombe assez communément pour qu'il puisse être utile d'en avertir. » *Gaillard, Hist. de Fr. I. Tom. III. P.* 145, *en Note.*

blâma, pour la seconde fois, mais aussi inutilement que la première, ce dessein hazardeux qu'approuvoit l'Amiral de Bonnivet, trop imprudent pour en sentir le danger, ou trop adulateur pour contrarier le Roi. Le Maréchal plaignit l'aveuglement du Monarque, & le suivit.

On arrive, & déja Pavie est investi; mais les lenteurs du Siege, quelques assauts malheureux, les maladies & la rigueur de la saison, affoiblissoient tous les jours l'armée françoise, lorsque Bourbon, accompagné de Pescaire & de Lannois, Généraux de l'Empereur, se présente à la vue du camp de François I. Ce Prince, qui veut en sortir & lui présenter le combat, assemble le Conseil, où le seul Bonnivet opina comme il parloit à la Cour; il fut de l'avis du Roi. On sait quel fut le succès de cette journée. Le Maréchal de Montmorency, qui avoit été, deux jours auparavant, détaché de l'armée pour une expédition particulière, ne se rendit sur le champ de bataille que pour apprendre le malheur du Roi, au secours duquel il voloit, & pour le partager lui-même. Après un combat sanglant, qu'il soutint à la tête de sa troupe, il fut enveloppé & conduit, couvert de blessures, à la tente de Bourbon, auprès de qui sa valeur le recommandoit encore davantage que l'honneur qu'il avoit d'être son parent. François, vaincu & prisonnier, goûta du moins une consolation bien précieuse & bien rare pour un Roi; il avoit un ami auprès de lui. On avoit accordé Montmorency aux vives instances de ce Prince, qui se plaisoit à cacher dans son sein, & les affronts du diadême, & l'amertume

de

de la captivité. Mais l'espoir de le servir ne laissa pas long-temps au Maréchal le loisir de le consoler ; il lui demanda lui-même la permission de se racheter, & revint en France intéresser la cour & les peuples au malheur du Souverain qu'il avoit laissé, moins accablé peut-être de sa disgrace, qu'affligé du départ d'un ami.

Alors s'ouvrirent, entre la Cour de France & celle de Madrid, ces lentes négociations pour la liberté du Roi : on y voyoit, tantôt l'orgueilleuse prospérité insulter publiquement au malheur, tantôt le flegme castillan s'opposer sourdement à la vivacité françoise, & toujours la politique adroite, lutter avec des armes trop inégales contre la franchise & la loyauté. Dans un de ces voyages où le zele de Montmorency lui faisoit si souvent traverser l'Espagne & la France pour briser les fers de son Roi, il crut voir l'instant où la mort alloit lui ravir ce Prince malheureux. Je ne m'arrêterai point à peindre cette situation, je n'en ai pas besoin : si je représentois seulement François I dans les fers, expirant entre les bras de Montmorency, l'attendrissement naîtroit sans peine de l'intérêt du sujet. Mais hâtons-nous d'offrir un spectacle plus consolant. François échappe à la mort, & bientôt à la captivité : Montmorency apporte en France cette heureuse nouvelle. Devenu ensuite le dépositaire des deux jeunes Princes qui doivent servir d'ôtage, il les conduit sur la frontiere, & recueille enfin, à l'aspect de son Roi libre, le fruit de tant de soins.

La rentrée de François I dans son royaume, qu'il traversa presque en entier, sembloit, au milieu des acclamations de tous les François, être une marche triomphale. Ce peuple, sensible & si digne d'être heureux, lui fit connoître alors que les adversités du trône disparoissent comme un vain songe, dès que le Monarque est aimé; & ce Prince, si tendrement consolé, ouvrit son ame à des jouissances nouvelles.

A peine fut-il arrivé, qu'il voulut fermer les plaies que la guerre avoit faites à la France; &, en lui donnant Montmorency pour Ministre, il sut en même temps récompenser, & l'amour de ses peuples, & les travaux de son ami.

Cependant, quitte envers la France, il ne croyoit pas l'être envers Montmorency; il vouloit traiter en Roi celui qui l'avoit servi en Héros, & joignit, à la charge de Grand-maître de sa Maison, dont il l'honora, le Gouvernement du Languedoc. Ce n'étoit point assez : il avoit assuré sa fortune & sa gloire, il s'occupa de son bonheur, en favorisant son alliance avec Magdeleine de Tende, qui, descendue des anciens Empereurs d'Orient, tenoit encore à la Maison de Savoie, alliance aussi heureuse que brillante, & qui unit la femme la plus vertueuse au plus respectable des époux.

Nous allons enfin goûter cette joie pure que nous nous somme, promise en commençant l'Eloge de notre Héros; le guerrier va disparoître un instant pour faire place à l'homme d'état, & nos yeux fatigués de l'éclat de la foudre, vont se reposer enfin sur un horison plus tranquille.

Au lieu d'annoncer ce qu'un Ministre doit être, je

dirai ce que fut Montmorency, & le tableau n'aura peut-être rien perdu. La charge de Grand-maître, en lui donnant une inspection générale sur l'administration intérieure de la Cour, ouvroit à son zele une carriere bien propre à l'exercer; ce qui dut sans doute frapper d'abord le nouveau Ministre, ce fut ce luxe effrayant & ruineux que François I entretenoit autour du Trône. La magnificence des Palais, la pompe de la Cour, tout cet éclat éblouissant attaché à la Royauté, sembloient être les dédommagemens des soucis qui l'accompagnoient. Mais quels dédomagemens que ceux qui sont achetés par les sueurs du pauvre, & qui sacrifient le bonheur de plusieurs millions d'hommes aux plaisirs d'un seul! François jouissoit sans remords, parce qu'il croyoit jouir sans crime, & vivant dans les délices au milieu d'un peuple souffrant, il ne ressembloit que trop à ces arbres superbes, qui dévorent la substance de la terre, & frappent autour d'eux de stérilité le sol malheureux qui les porte. Montmorency en décillant les yeux de son maître, fut bientôt le rendre sensible aux cris plaintifs de l'humanité, & le Prince éclairé frémit en voyant les maux qu'il avoit faits.

Aussi toute la Cour changea-t-elle de face, la réforme s'étendit sur chaque partie de l'administration, & la distribution des graces, cette portion importante de l'autorité Royale, si chere à un bon Roi, parce que, dit un Philosophe moderne, *elle ressemble à la bienfaisance* (o) fut restrainte aux bornes de la

Bélisaire Chap. X.

prudence la plus févere. Le Grand-maître fe trouvoit toujours entre le fujet qui demandoit, & le Prince qui alloit accorder; là, les vertus du pere ne prouvoient rien en faveur du fils, le riche fe retiroit parce qu'on ne vendoit rien, & le courtifan ne fe préfentoit guere, parce qu'il falloit tout mériter.

Les fonctions les plus brillantes du miniftere n'étoient pas les feules dignes des foins de Montmorency. Son zele infatigable, fa fcrupuleufe vigilance, s'étendoient à tout, dirigeoient tout, favoient tout voir & tout faire; il pourfuivoit les abus pour les détruire, découvroit les fautes pour les punir &, auffi jufte que févere, cherchoit par-tout le mérite pour le récompenfer.

On ne s'étonnera pas de voir Montmorency en butte aux traits de la vengeance & de l'envie, ces paffions baffes que l'impuiffance de faire le mal infpire aux méchans contre l'homme de bien qui les pourfuit; il s'étoit déclaré leur ennemi implacable, & avoit pour le vice, felon l'expreffion d'un Poëte célebre, cette *haine vigoureufe* (*p*) qui caractérife la vertu. Pour dédaigner les vains efforts de la cabale & de l'intrigue, il lui fuffifoit de fa propre confcience: mais l'appui de fon Roi, qui ne pouvoit rien ajouter à la tranquillité de fon ame, affermiffoit du moins fon pouvoir & fembloit lui permettre l'efpoir d'être plus utile encore & de l'être long-temps. François I fut le défendre & le foutenir; l'éloge du Souverain fe joint ici à celui du Miniftre.

(*p*) Moliere, Mifanthrope Act 1. Sc. 1.

Des opérations plus grandes en apparence vinrent trop tôt diſtraire Montmorency de ſes vues économiques & bien faiſantes, & l'homme d'état, en déployant ſes forces dans la vaſte carriere de la politique, regretta tout le bien qui lui reſtoit à faire ſur un théatre moins brillant; mais les ſervices qu'il rendit durent bien-tôt adoucir ſes regrets.

Charles-quint irrité de l'inexécution du fameux traité de Madrid, dicté par la force & réclamé par l'injuſtice; étonné ſur-tout de la ligue que François I venoit de former avec Clément VII, Henri VIII, François Sforce & les États de Veniſe & de Florence, accabloit en Italie les nouveaux alliés du Roi. L'implacable Bourbon, après avoir diſſipé les forces de ces puiſſances & contraint le Duc de Milan à fuir de ſon Pays, venoit enfin de périr devant Rome, mais ſa mort n'avoit point ſauvé la capitale du monde Chrétien, dont l'auguſte chef reçut des fers. Cette ville fut pendant deux mois en proie au pillage le plus horrible; atrocité inouie que, pour l'honneur de l'humanité, l'hiſtoire auroit oubliée ſans doute, s'il ne falloit pas effrayer les hommes par l'image de leurs crimes.

François touché des déſaſtres de ſes alliés au-delà des Alpes, tourna ſes yeux vers l'Angleterre qui ſeule pouvoit les ſecourir avec lui, & Montmorency fut employé, en qualité d'Ambaſſadeur extraordinaire, dans cette importante négociation. Le Grand-maître de France reçut à la Cour d'Henri VIII tous les honneurs qu'éxigeoit ſon caractere & ceux que méritoient fes vertus, mais les fuccès de fon ambaffade l'honorerent encore davantage : Henri promet de foutenir de fes forces & de fes tréfors la confédération attaquée & affoiblie, & pefe avec Montmorency les plus grands intérês, reglés enfin à l'avantage de la France.

Cependant dix ans de guerre entre les deux plus célebres Souverains du fiecle, avoient donné à l'Europe le fpectacle douloureux de tout ce que peuvent produire & les fureurs de l'ambition & le fanatifme de l'honneur. Le théatre fi long-temps enfanglanté fembloit être prêt à offrir le dénouement le plus terrible, lorfque tout-à-coup on vit changer la fcene : Charles victorieux, mais affoibli, avoit befoin de la paix, François puiffant encore malgré fes pertes, la defiroit comme moyen de racheter fes Enfans, & bien-tôt on fe rapprocha pour conclure un traité; c'eft-à-dire pour fe tromper après s'être combattu, & pour être injufte ou foible après avoir été cruel; tel eft en effet l'idée que nous préfente le traité de Cambrai. L'Empereur ofe exiger le facrifice des alliés de la France, envain Montmorency s'éleve contre cet attentat politique, les jeunes Princes devoient être libres à ce prix, & le Roi ne fut plus qu'un pere. c'eft là que Montmorency parut vraiment grand, l'Etat étoit fatigué par de longues guerres, le Roi découragé, fes enfans prifonniers, tout demandoit la paix, par elle tout alloit être réparé; mais la paix fe préfente entre l'injuftice & la honte, Montmorency la repouffe, elle eft fouillée à fes yeux & n'eft plus néceffaire dès qu'elle eft deshonorante.

Cette paix achettée si cher fut du moins l'époque la plus brillante du regne de François I. Les sciences & les arts commençoient alors à fleurir : Montmorency lui-même ne les négligeoit pas, mais il leur falloit pour trouver grace à ses yeux, prendre l'empreinte austere de son génie. L'histoire sur-tout occupoit ses loisirs, étude sans doute utile, mais peu consolante, & qui n'offre guere que la satire du cœur humain, parce qu'elle n'en retrace souvent que les erreurs ou les foiblesses. Interrogeons en effet l'histoire même de notre Héros, elle nous rappelle avec soin le souvenir trop frappant de ses expéditions militaires, tandis qu'elle nous indique à peine la Bretagne réunie irrévocablement à la Couronne, (*q*) les troupes françoises disciplinées ; & tant d'autres opérations importantes, monumens glorieux de son ministere.

Henri VIII venoit enfin de lever le masque, & affrontoit dans les bras d'Anne de Boulen les foudres de Rome, & la colere de Charles-quint dont il avoit répudié la Tante. Le titre d'ennemi de l'Empereur lui assuroit l'amitié de François, ce Prince toujours aigri contre son rival & humilié peut-être d'avoir été foible une fois, cherchoit à s'étayer de toutes parts, négocioit en même-temps à Constantinople & à Rome, & tandis qu'il s'allioit avec Soliman, il marioit son fils avec la trop fameuse niece (*r*) de Clement VII.

_____

(*q*) Cette réunion déja préparée par le mariage de Louis XII, avec Anne de Bretagne, veuve de Charles VIII, & Marraine de Montmorency, ne fut effectivement consommée que sous François I. La charte est du mois d'Août 1532.

(*r*) Catherine de Médicis.

Mais la mort de François Sforce, à qui le Roi avoit, par le traité de Cambrai, cédé ses droits sur le Duché de Milan, sembla pour un instant tout soumettre à de simples négociations ; les Ambassadeurs de François demandent à Charles l'investiture du Milanois ; l'Empereur, après avoir épuisé, en délais affectés, toutes les ressources d'une politique insidieuse & profonde, vient enfin à Rome se montrer tel qu'il est, & insulte en plein Consistoire, par une déclamation indécente, un Roi qu'il avoit eu le bonheur de vaincre, mais qu'il n'eut jamais le droit de mépriser.

Après un tel éclat, que ne devoit-on pas craindre de Charles-quint ? ce Prince trop prudent pour s'avancer en vain parce qu'il se sentoit trop fier pour reculer, étoit sans doute sûr de vaincre (ƒ) celui qu'il provoquoit ainsi. François I, sans forces, sans alliés, abandonné même d'Henri VIII assez occupé dans ses propres états, alloit sûrement être subjugué par le vainqueur de Barberousse & de Soliman, toute l'Europe devoit trembler, & la monarchie universelle alloit enfin s'établir. O Montmorency, unique espoir de ta patrie ! de quoi te servira ton courage ? pourras-tu seulement ébranler ce colosse énorme dont les bras s'étendent du nord au midi, & qui, dans sa marche terrible, menace de tout écraser sous ses pieds?

Que ne puis-je en cet instant entretenir de la

―――――――――

(ƒ) L'Empereur, prêt à partir pour l'éxpedition de Provence, dit à Paul Jove, son historien : « faites provision d'encre & de » plumes, je vais vous tailler de le besogne ».

gloire de mon Héros des hommes à qui elle seroit inconnue; je jouirois de leur étonnement & peut-être de leur incrédulité. Mais les actions de Montmorency consacrées dans les fastes de l'histoire ne me laissent d'autre soin que d'en rappeller le souvenir.

L'Empereur, à la tête de cinquante mille hommes, vient porter dans la Provence la désolation & l'effroi; des troupes foibles & peu nombreuses opposées à ce torrent, devoient moins en arrêter le cours que le marquer par leur défaite; mais tandis que la supériorité des forces est d'un côté, Montmorency se met de l'autre & l'avantage n'est plus pour l'ennemi. Quelle étonnante & sage conduite! quelle expérience consommée! quelle autorité absolue! Montmorency commande des François, &, à la vue de l'ennemi, il calme leur impatience & fait enchaîner leur valeur; retranché dans son camp, il laisse Charles-quint s'éblouir de ses succès & s'abandonner à sa superbe imprudence, s'irriter des obstacles & se fatiguer par ses efforts, dévaster le pays & s'affamer lui-même par ses propres ravages, enfin chercher à vaincre, & ne trouver à combattre que la disette & la mortalité. Cette armée formidable se dissipe & fond pour ainsi dire devant le camp immobile des François. Quel moment pour Montmorency! Charles fuit, & la France est sauvée. C'est ainsi que, de nos jours, on a vu, sur l'autre hémisphere, le Héros de la liberté préparer par sa prudence les succès d'un peuple nouveau.

Mais soyons aussi prompts que notre Heros, suivons-le de la Provence au fond de l'Artois & de l'Artois, dans le Piémont; là prenant des villes (*t*), gagnant ici des batailles, (*u*) & faifant faire au jeune Dauphin qui l'accompagnoit le noble apprentiffage de la gloire.

Tous ces exploits ne faifoient qu'augmenter la dette que la reconnoiffance impofoit à François I; ce Prince fut affez heureux pour éviter l'ingratitude, & l'épée de Connétable fut confiée à la main digne de la porter.

Cependant une treve de dix années alloit donner au Royaume le repos dont il avoit befoin, lorfque les Gantois révoltés contre l'Empereur, veulent fe jetter dans les bras de François I. Le nouveau Connétable applaudit au refus du Monarque & fur-tout au parti qu'il prend d'accorder à Charles-quint la permiffion de traverfer fes états pour aller foumettre les rebelles; il fut encore ajouter à ce procédé généreux, en s'oppofant aux conditions qu'on vouloit y mettre.

Charles arrive en France, & l'Europe voit avec étonnement le vainqueur de Pavie devenir l'hôte de François I.

Mais tandis que l'Empereur fe montroit affez grand pour fe fier à fon rival, on ofa propofer au Roi d'être affez faux pour le trahir. François balança peut-être un inftant, balancerons-nous nous-mêmes? admettrons-nous ces honteufes diftinctions entre la morale des Rois & celle de leurs fujets? Et dans l'Éloge de Montmorency réduirons-nous la vertu en problême? L'envie

---

(*t*) Hefdin, St. Venant.
(*u*) Le pas de Suze forcé.

a pu faire au Connétable un crime de ſes conſeils, qui, rappellant François à lui-même, mirent Charles ſous la ſauve-garde de l'honneur, mais le Connétable faiſoit ſon devoir & dédaignoit l'envie; dût-il en être la victime.

Il alloit l'être en effet, le Roi affoibli de bonne heure éprouvoit dans la vigueur de l'âge les langueurs d'une vieilleſſe anticipée; ſes goûts étoient éteints, ſon courage abattu, & un peuple d'adulateurs calculoit froidement le dépériſſement de ſes forces, pour s'emparer de ſon eſprit. La défiance eſt ſur-tout la compagne de la foibleſſe; on l'excita contre Montmorency qu'on voulut rendre ſuſpect, & qui du moins devint importun. François, moins content de lui-même, ne l'étoit plus du Connétable, & Chantilly fut bientôt la retraite du cenſeur de la Cour & de l'ami du Monarque. O fatale deſtinée des Rois! François, après avoir tant chéri Montmorency, va l'oublier pour jamais; oublions nous-mêmes les dernieres années d'un regne mieux commencé & déplorons en ſilence les erreurs d'un Prince ſéduit.

Mais bientôt tout eſt réparé, Henri, II à peine Couronné, ſe montre à ſes Peuples tendant à Montmorency la main qui le rapproche du Trône : le nouveau Monarque ne pouvoit y monter ſous de plus heureux auſpices, les cœurs de ſes ſujets devenoient ſa premiere conquête. Moins Héros que ſon Pere, ſa carriere devoit être moins éclatante, mais plus ſoutenue : & la gloire ne fut pour lui ni auſſi brillante, ni auſſi trompeuſe.

Le Connétable reparut dans le Ministere, comme il y étoit entré sous le regne précédent, cherchant & réprimant les abus. La vénalité des charges de magistrature, (*x*) monument trop durable des malheurs de François I, avoit, pour ainsi dire, souillé le Sanctuaire des loix. Montmorency osa y pénétrer, & eut à lutter contre ce corps, l'un des plus respectables du Royaume, mais peut être le plus fier, & qui, semblable à celui des Lévites, ne permet point qu'on touche à l'arche, fût-elle prête à tomber. Les intentions pures du Ministre suffiroient pour faire pardonner à la sévérité, & peut-être à la hauteur qu'il montra dans cette occasion; le bien qui en résulta doit achever de le justifier (*y*).

Du sein des affaires il s'élance bientôt à la tête des armées. Bordeaux révolté le voit au pied de ses murs & rentre dans le devoir; le Boulonnois est conquis presqu'en entier par le jeune Monarque, Montmorency avoit ouvert la campagne; la paix se conclut avec l'Angleterre, Montmorency avoit préparé le traité.

Mais si le feu de la guerre s'éteignoit d'un côté, il alloit former de l'autre le plus terrible incendie.

―――――――――

(*x*) Ressource funeste trouvée par le Chancelier Duprat, l'Edit portant création de vingt Charges vénales dans le Parlement de Paris ne fut enregistré que *du très exprès commandement du Roi*. Le mal gagna bientôt les autres Parlemens du Royaume.

(*y*) Il restreignit le trop grand nombre des Conseillers dans les differentes Cours, fixa l'âge auquel il pouvoient être reçus, les assujettit à l'examen le plus rigoureux, &c.

Charles-quint, cet éternel ennemi de la France, étoit prêt à fondre sur elle, Henri, appuyé des Puissances germaniques, étoit prêt à le recevoir, & Montmorency, avec trente mille hommes, se présente devant Mets. Rien ne résiste à l'armée françoise, Mets se rend au Connétable, & le reste de la Lorraine au Roi lui-même, qui vient jouir de sa conquête. Cette campagne terminée par la réduction des Duchés de Bouillon & de Luxembourg, combloit Henri de gloire & sembloit effacer les affronts de son pere, dont elle humilioit le vainqueur.

L'apprentissage du malheur est bien pénible à un Souverain long-temps heureux Charles-quint ; en fit la terrible expérience, les pertes qu'il avoit éprouvées pendant la derniere campagne n'étoient rien ; une disgrace plus sensible l'attendoit devant cette même ville enlevée par le Connétable ; il forme le siege de Mets, sa gloire est encore entiere si la place est soumise ; mais défendu par ce fameux Duc de Guise, aussi grand, moins vertueux peut-être & plus aimé que notre Héros, le boulevard de la Lorraine voit se briser à ses pieds les efforts impuissans de l'Empereur. Toute l'Europe attentive applaudit au défenseur de Mets, & la France délivrée de ses craintes porta peut-être jusqu'à l'excès sa reconnoissance pour un service si important.

Montmorency avoit enfin un rival ; trop sensible à la gloire, pour ne pas craindre de la partager, il ne vit pas avec indifférence, il faut l'avouer, ce jeune Prince, marcher son égal. Il lui envioit sur-tout l'amitié du peuple & des soldats, ce prix si flatteur qu'il paroissoit dédaigner lui-même, & qu'il eût mieux fait d'obtenir. O vertu ! l'hommage des mortels est le plus auguste de tes droits, mais le plus doux est leur amour.

En parlant de Montmorency, je devois donc nommer l'envie ? Qu'on ne la prenne point ici pour cette vile passion, fille de l'impuissance & fléau des talens. Pourroit-on méconnoître cette émulation de gloire qui fait des rivaux & jamais des ennemis ? L'envieux est toujours injuste, & Montmorency sut apprécier lui-même les exploits du Duc de Guise.

Les succès avoient enivré Henri II; il perdit, à les célébrer par des fêtes, le temps qu'il auroit dû employer à en profiter, & dont Charles-quint sut user pour en obtenir à son tour. Ce Prince infatigable se montre bientôt dans les Pays-bas, à la tête d'une nombreuse armée qu'il venoit de rassembler à force de soins & d'industrie. Déja plusieurs villes frontieres lui avoient ouvert leurs portes, losqu'il est enfin permis à Montmorency, impatient des lenteurs de la Cour, de s'opposer aux progrès de l'Empereur ; quelques avantages remportés sur l'ennemi furent les fruits des savantes manœuvres du Connétable, & Henri, qui vint le joindre, vouloit engager une action générale lorsque tout est arrêté ; Montmorency tombe malade, & la campagne est finie.

La France fut alors sur le point de perdre ce grand Homme, qui avoit assez vécu pour sa gloire, & surtout pour son bonheur; mais le ciel lui réservoit une plus longue carriere.

Je le vois déja ouvrant une nouvelle campagne, & la fignalant par la prife de Marienbourg, de Bovines & Dinant, fi célebre par dix-fept fieges foutenus & levés. Le Roi, dont il frayoit toujours la route & préparoit les fuccès, traverfa le pays ennemi à la tête de fon armée; l'effroi le précédoit, le carnage accompagnoit fes pas, & le fer & le feu, miniftres terribles de cette fureur barbare, ne laiffoient fur fa route que des monceaux de cendre & de morts. Ces monftrueux excès ne répugnoient-ils pas à l'ame généreufe du Connétable? Ah! puiffe ce doute confolant nous être toujours permis!

Enfin Henri II & Charles-quint fe rencontrent devant Renti, & la fortune eft encore infidelle à l'Empereur. Sa défaite eût peut-être été complette, fi la prudence du Connétable n'eût empêché le Roi de compromettre dans les ténebres la gloire de la journée.

Le jeune Monarque n'envifageoit dans la victoire que cet éclat fi flatteur pour l'orgueil, Montmorency y vit la fource d'une paix glorieufe & le Roi fe rendit à fes confeils. Déja les Négociations s'entament, la Reine d'Angleterre, dont le fils de Charles étoit devenu l'époux, rapprochoit les deux partis, applaniffoit les obftacles & concilioit les différens intérêts, tandis que Paul IV, dévoré par l'ambition de fes neveux, s'efforçoit de les divifer, & vouloit engager Henri II à l'invafion du Royaume de Naples, dont il lui propofoit le partage. Les Guife appuyoient ce projet infenfé, Montmorency, feul, ofe le combattre; il croife les intrigues de Rome, preffe les négociations avec l'Empereur, décide une seconde fois son maître & fait signer une treve de cinq ans entre ces deux Princes.

Le Connétable crut sans doute avoir assuré le repos de l'Europe par la religion des traités : il se trompoit. L'ambitieux Pontife, étonné sans être abattu, attaque lui-même Philippe II, devenu Roi d'Espagne par l'abdication de Charles-quint, qui, abandonnant bientôt aussi l'Empire à Ferdinand, disparut de la scene du monde.

Quelle époque malheureuse pour la France ! La treve avec l'Empereur est rompue, & Henri II devient l'allié de Paul IV, ou plutôt l'instrument de l'ambition des Caraffes. Gardons-nous de croire que Montmorency se soit écarté en cette occasion des principes sages & vertueux qui dirigerent toujours sa conduite, il n'approuva jamais cette guerre injuste ; mais que pouvoit-il contre la politique romaine? contre le crédit des Guise, contre la foiblesse de Henri? Après avoir tenté vainement d'écarter l'orage, il court le braver ; déja l'armée espagnole commandée par un des plus grands hommes de ce siecle avoit mis le siege devant Saint-Quentin, le Connétable s'avance, à la tête d'une armée fort inférieure, & par ses savantes manœuvres, réussit à jetter du secours dans la place, mais il est attaqué dans sa retraite, & succombant sous la supériorité du nombre, il est battu après une résistance opiniâtre, & fait prisonnier.

Cet événement jetta la désolation dans le Royaume, que le Duc de Guise, toujours heureux rival du Connétable, vint bientôt consoler par ses exploits ; mais sa gloire ne put nuire à la confidération dont jouiffoit Montmorency; au fortir de fa prifon, il reprit fur la Maifon de Lorraine fon ancienne fupériorité, & parvint à faire conclure avec l'Efpagne une paix qui coûta cher, mais qu'il crut néceffaire. Ce fut pendant cette négociation que fes liaifons avec la Ducheffe de Valentinois, favorite de Henri, lui attirerent les plus graves imputations; Henri n'y vit que la calomnie.

Le Royaume alloit enfin refpirer; le Connétable, après l'avoir pacifié, alloit travailler à fon bonheur. Les rênes de l'État, remifes entre fes mains, ne devoient plus lui échapper de long-temps, mais Henri II fuccombe fous un coup imprévu, & tout change de face.

Ici commencent les longs malheurs de la France, Montmorency qui ne détacha jamais fes intérêts de l'intérêt public, ne fut plus heureux lui-même.

Si je ne peux retrancher les dernieres années d'une fi belle vie, que du moins mon pinceau rapide ne faffe qu'efquiffer cet affligeant tableau: l'hiftoire n'en confervera que trop les inéfaçables traits.

La mort de Henri II livroit l'État à un enfant débile & à une femme dangereufe; le nom de François II femble ne fe trouver parmi ceux de nos Rois, que pour tenir une place dans la chronologie; Catherine de Médicis regnoit en effet. Cette Princeffe, que la politique rendoit fauffe, que l'ambition rendoit cruelle, que la fuperftition rendoit foible, étoit fortie de l'Italie pour le malheur de la France; ennemie du Connétable, jaloufe des Guife, redoutant les Bourbon, elle les facrifioit les uns aux autres, & les haïffoit tous;

C

femme sans vertus, épouse sans tendresse, mere sans naturel, elle fut le fléau de son siecle, & la postérité frémit encore à son nom.

Brûlant de gouverner à la place de son fils, elle comprit bientôt qu'il falloit se faire un parti dans l'État; mais le choix étoit dangereux & décisif, & Catherine balançoit, lorsque les Guise, dont le Roi avoit épousé la niece, se présenterent & furent accueillis. Elle connoissoit tout leur crédit, elle avoit approfondi ces génies ambitieux, capables de bouleverser le Royaume, & elle se hâta d'être leur complice, pour ne pas être leur victime. La Maison de la Lorraine, élevée si haut, sembloit insulter à celle de Bourbon depuis long-temps oubliée. Le Roi de Navarre, foible & irrésolu, étoit peu sensible à ces affronts; mais Condé, impétueux & fier, frémissant d'indignation & respirant la vengeance, étoit capable de tout. Pour le Connétable, moins affecté de la fortune de ses ennemis qui s'enrichissoient de ses dépouilles (z), qu'affligé des maux de sa patrie, il sort d'une Cour, où sa vertu devenoit étrangere, & retourne à Chantilly, retraite trop peu paisible de cet auguste Vieillard.

Cependant les erreurs de Calvin, répandues depuis long-temps, s'étoient propagées dans le silence. Des exécutions sanguinaires (&) avoient, vers la fin du

---

(z) La charge de Grand-maître fut donnée au Duc de Guise.

(&) A Cabrieres & à Merindol, en 1545.

du regne de François I, trahi la cause de Dieu, qu'on prétendoit soutenir, les esprits s'étoient aigris, & ce feu caché sous une cendre trompeuse, n'attendoit que l'instant de se développer. Cet instant fatal arrive; l'ambition & la vengeance vont en même temps aiguiser les glaives du fanatisme & de l'héréfie: le gouvernement étoit tyrannique, les Guise étoient détestés, & leur religion même devint odieuse comme eux; presque tous les grands du Royaume, entraînés par Condé, se rangerent du côté des mécontens, dont ils affecterent la croyance pour se les mieux attacher, & ils tramerent cette fameuse conjuration d'Amboise, dont le but étoit d'exterminer les Guise, mais qui étant découverte au moment de l'exécution devint si funeste à ses auteurs.

Le Connétable, qui, malgré sa disgrace, conservoit encore un reste d'autorité, s'alarme d'un danger si pressant & abandonne sa retraite pour venir conjurer l'orage. L'assemblée de Fontainebleau, où il tâcha en vain de concilier les esprits, avoit été le fruit de ses conseils, & ne lui offrit que le spectacle douloureux de la défection de l'Amiral de Coligni, son neveu, qui plaida hautement la cause des novateurs. Enfin le mal devint extrême, lorsque Condé, appellé aux états d'Orléans, fut trahi & emprisonné par l'ordre du Roi: la mort épargna à ce Prince la honte de pousser cet attentat plus loin. François II expire après avoir préparé les crimes du regne de Charles IX.

Le nouveau Roi signala son avénement au Trône par l'elargissement du Prince de Condé, commencement trompeur d'un regne si funeste; Catherine de Médicis qui conserva sur son second fils le dangereux ascendant qu'elle avoit eu sur le premier, craignit enfin le ressentiment des Princes, que le secret attachement du Connétable pour ces illustres proscrits faisoit plus redouter encore, & elle résolut de tout diviser, afin de pouvoir tout soumettre. La Religion fut l'instrument sacré de ses lâches artifices. Elle montra à Montmorency l'héréfie infectant le parti des Princes; & la conscience du Connétable fut alarmée; mais une séduction plus puissante encore acheva de le subjuguer; son épouse emportée par un zele indiscret ne cessoit de lui reprocher ses liaisons avec les ennemis de Dieu » C'est donc » en vain, lui disoit-elle, que le cri de guerre transmis par vos ancêtres, vous annonce comme le » defenseur de la Foi ; abjurez ce titre auguste , ou » remplissez-en les devoirs. » Montmorency cede enfin: l'intérêt de la Religion qu'il croit servir lui fait tout sacrifier jusqu'à sa querelle personnelle, & sa réunion avec le Duc de Guise & le Maréchal de St. André, reçut le nom funeste de *Triumvirat*.

Quel enchaînement de malheurs & de calamités! Ah terminons une tâche qui devient toujours plus pénible. Laissons là ces excès de zele exagérés sans doute par le parti contraire, mais à peine justifiés par l'autre; Montmorency alla quelques fois trop loin, parce que dans ces temps d'horreur & de confusion, on ne sait plus où s'arrêter, & qu'on est au-delà des bornes, lorsqu'on croit encore y toucher.

O plaines de Dreux! Vous vous abreuvâtes les premieres du sang des François qui devoient s'entregorger si long-temps. Le parti que commandoit Montmorency eut l'avantage, pouvoit-il s'en glorifier? ah! cette victoire qui lui coûta la liberté, fut encore achetée plus cher par le meurtre de ses concitoyens.

A peine devenu libre il cherche à étouffer la discorde civile; l'orage se calme un instant & le titre de pacificateur alloit au bout de sa carriere consoler Montmorency; mais la cruelle politique de Médicis, fortifiée par le crime, ne vouloit point en tarir la source; flottant entre les deux partis, & les trahissant l'un par l'autre, elle réussit enfin, on reprit les armes & le malheur fut au comble.

L'hérésie d'autant plus active, qu'elle étoit combattue, remplissoit presque la France entiere, & ses audacieux enfans menaçoient le Monarque lui-même, & venoient investir Paris. Montmorency abandonnera-t-il & son Dieu qu'on outrage & son Roi qu'on attaque? je le vois déja dans les plaines de St. Denis, les glaces de l'âge n'ont point éteint son ardeur, il vole audevant des ennemis, le combat s'engage, & la victoire alloit couronner ses cheveux blancs, lorsqu'il reçoit le coup mortel, & tombe...... on accourt, ce grand homme respiroit encore, » la victoire » est-elle à nous? » demande-t-il d'une voix mourante: on lui montre Condé fuyant devant lui, satisfait & tranquille il s'abandonne alors aux inutiles soins qu'on prenoit de sa vie, & transporté dans Paris vient au milieu d'une jeune Cour donner l'exemple imposant de la mort la plus glorieuse. Ah! gardons-nous de gémir sur le sort de Montmorency; il me semble l'entendre ici nous dire, ce qu'il répondit au ministre sacré, témoin de ses derniers momens : » croyez-vous » qu'une homme qui à su vivre quatre-vingt ans » avec honneur, ne sache pas mourir un quart » d'heure ? »

O Chantilli ! séjour délicieux & superbe, toi qui devois toujours être habité par des Héros, & que la nature & l'art ont, par leurs efforts réunis, rendu le plus beau lieu de la terre, quel est cet ancien monument que tu offres aux premiers regards du voyageur étonné ? Un vieux guerrier semble y respirer sous le bronze; le voyageur approche, il contemple ces traits majestueux & fiers, & bientôt les reconnoît : c'est MONTMORENCY, s'écrie-t-il avec respect.

Puisse ce foible éloge le faire aussi connoître ! puissent aussi ceux qui m'entendent dire : c'est là MONTMORENCY !

FIN.

Lu, paraphé & approuvé, à Paris, ce 3 Septembre 1782.
Signé, DUDIN, Censeur royal.

www.ingramcontent.com/pod-product-compliance
Lightning Source LLC
Chambersburg PA
CBHW060516050426
42451CB00009B/1015